KO YVY
nossa terra

RICARDO RODRIGUES
ILUSTRAÇÕES DE ENÉAS RIBEIRO CORRÊA

® 2022. Editora Inverso

R. Doutor Goulin, 1523 Alto da Glória
CEP 80040-280 Curitiba-PR
(41) 3254-1616 e (41) 3558-8001
editorainverso@editorainverso.com.br
www.editorainverso.com.br
Facebook.com/editorainverso
Instagram @editorainverso

COORDENAÇÃO EDITORIAL
Cristina Jones
Editora InVerso

PRODUÇÃO
Elizabeth Cozzer

TRADUÇÃO
Luis Dirceu da Silva

REVISÃO
Juliana Lopes Roeder
Carlos W. Jorge

ILUSTRAÇÃO
Enéas Ribeiro Corrêa

COLORISTA
Tiago Fernandes

CAPA, PROJETO GRÁFICO, DESIGN E DIREÇÃO DE ARTE
Adriane Baldini

DADOS INTERNACIONAIS DE CATALOGAÇÃO NA PUBLICAÇÃO (CIP)
Mona Youssef Hammoud – CRB/ 9ª 1393

R696n

RODRIGUES, Ricardo. **Ko Yvy: Nossa Terra.**
Enéas Ribeiro Corrêa [il.]. Curitiba. Ed. InVerso, 2022
72 p. 20 x 25 cm - Bilíngue: PTBR-ING - 2.ª edição ampliada

ISBN: 978-85-5540-248-7

1. Literatura infantojuvenil. 2. Lendas indígenas paranaenses.
3. Mitologia indígena. 4. Paraná. I.Título

CDD: 577

Literatura infantojuvenil: 827

ASSOCIADO

Dedico este meu trabalho à memória de meus pais, avós e irmãs. E, ainda, à memória de meu amigo, Paulo Leminski.

Dedico também aos familiares vivos.

Agradeço, de coração, a todos que ajudaram na concretização deste sonho de recriar Paikerê.

I dedicate this work of mine to the memory of my parents, grandparents and sisters. And also to the memory of my friend Paulo Leminski.

I also dedicate to my living relatives.

I'm very thankful to everyone who helped in realizing this dream of recreating Paikerê.

APRESENTAÇÃO

Ko Yvy – Nossa Terra é uma saga nativa, um prosopoema.

A narrativa é uma prosa poética, pontilhada de rimas. Poderia ser desdobrada num longo poema.

O autor reuniu e entrelaçou muitas lendas, povoando de índios, de animais selvagens e de figuras mitológicas indígenas a paisagem primitiva do tempo em que o Paraná ainda era o "Paikerê", o rincão do Paraíso. Um romance carregado de emoção, de sensibilidade e de talento.

Citemos Romário Martins: "Todos os povos primitivos criaram os seus mitos e, com eles, povoaram seus campos, as florestas, as águas e o próprio céu".

"No Brasil selvagem, até o 3º século, o sertão, os rios, os caminhos eram povoados de gênios em guarda vigilante a toda ordem de fenômenos, de contingências, de sentimentos e destinos".

Estribado nesses mitos e lendas, Ricardo Rodrigues elaborou seu interessante Ko Yvy, um verdadeiro manifesto em defesa da natureza.

Desejamos que o livro desperte em nossos adolescentes, tão saturados de estórias alienígenas, o amor pelas nossas origens e pela conservação do nosso meio ambiente.

Desde as denominações geográficas, o índio está profundamente presente em nossa história.

Que o grito de Tarobá ecoe na sensibilidade dos leitores: "Esta terra tem dono".

Helena Kolody

PRESENTATION

"Ko Yvy" (Our Land) is a native saga, a prosopoem.

The narrative is a poetic prose, dotted with rhymes. It could be unfolded as a long poem.

The author gathered and intertwined many legends, filling with natives, wild animals and native mythological figures the primitive landscape of the time when Paraná was still "Paikerê", corner of Paradise. A romance filled with emotion, sensibility and talent.

Let us quote Romário Martins: "All primitive folks created their myths and filled them with their fields, woods, rivers and the sky itself."

"On the wild Brazil, until the third century, the backcountry, rivers and paths were full of geniuses on watchful guard of every kind of phenomena, contingencies, feelings and destinations."

Stirrup on these myths and legends, Ricardo Rodrigues created his interesting "Ko Yvy", a true manifesto in defense of nature.

We wish that the book awakens in our teenagers, so tired of alien stories, a love for our roots and for the conservation of our environment.

Since the geographical denominations, the native is heavily involved with our History.

May the shout of Tarobá echoes in the reader's sensibilities: "This Land Is Owned".

Helena Kolody

PREFÁCIO

Trinta anos após o lançamento de *Ko Yvy – Nossa Terra,* a obra ganha uma nova edição com linguagem revistada e atualizada, novas ilustrações e uma versão bilíngue.

Reviver esta obra, que permanece sendo tão atual nos dias de hoje, se faz necessário, tendo em vista o cenário em que vivemos, num mundo que começa a sair de uma pandemia.

Se atentos, fomos convidados durante esse período a olhar para dentro, encontrar forças e fazer um movimento de retornar à essência, à natureza, às origens. Entendemos que precisamos cuidar ainda mais de nossa casa, da mãe natureza, mensagem que também nos passa o autor Ricardo Rodrigues, neto de uma índia kaingang, nesta obra literária.

Resgatar conquistas especiais como o Ko Yvy gera nele e em seus entes queridos um acolhedor sentimento de orgulho, admiração e inspiração.

Espero que tudo expresso nesta breve introdução possa ser vivenciado e sentido por você durante a sua leitura.

Ana Cozzer Rodrigues
Filha mais nova do autor

PREFACE

Thirty years after its original release, "Ko Yvy – Our Land" has a new edition with revisited and updated language, new illustrations and a bilingual edition.

To experience again this work that remains so current in modern times is necessary due to the situation we are living on, in a world that's just starting to leave a pandemic behind.

If we paid attention, we were invited during this time to look inwards, to get strength and make a move to return to our essence, our nature, our origins. We understood that we need to take even more care of our home, of Mother Nature, a message that is also told by the author Ricardo Rodrigues, grandchild of a kaingang native, in this literature work.

Bringing back special achievements such as Ko Yvy brings on him and his loved ones a cozy feeling of pride, wonder and inspiration.

I hope that everything expressed in this brief introduction may be experienced and felt by you during your reading.

Ana Cozzer Rodrigues
the author's youngest daughter

O pio agourento da coruja entristecia ainda mais o crepúsculo já salpicado de chiados minúsculos dos grilos. Rugas avermelhadas brotavam no céu do entardecer. Pelas estrias do Grande Rio – o Rio Paraná –, podia-se notar o vento frio a tomar conta do sertão. Toda a região dos vales do Ivaí, do Piquiri, do Iguaçu, do Paranapanema e do Tibagi iam sumindo na escuridão.

Os bichos se refugiaram em suas tocas. Os índios se recolheram mais cedo às suas ocas. Apenas um assovio insistente do vento varava as bibocas.

Um kaigangue – indígena de puro sangue – permanecia acordado em sua aldeia. Era Tarobá que respirava fundo, se coçava, franzia a testa e viajava num pensamento profundo.

– Algo de ruim está acontecendo na floresta... Mas o que será? Nada mais me resta, a não ser aguardar.

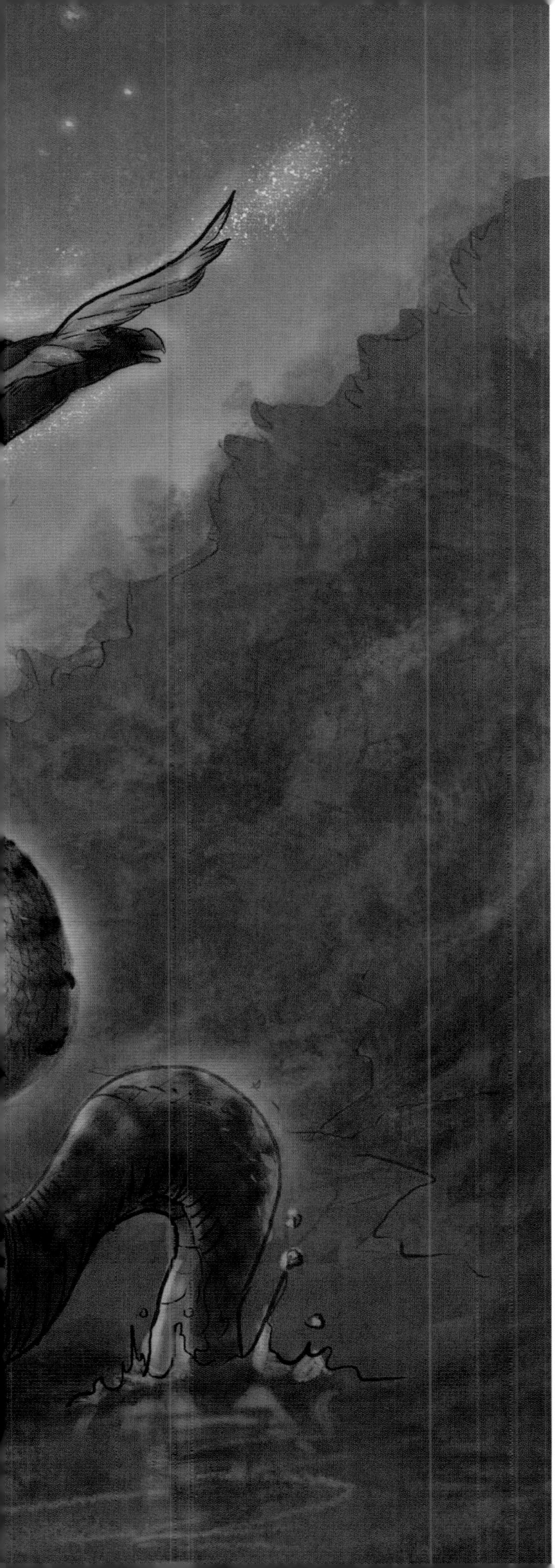

Do meio de um capoeiraçu, surge um Anu. Uma penca de vagalumes ilumina o negrume de suas asas. O Anu pousa.

– O que você quer aqui... a estas horas? Vamos, diga sem demora.

– Vim trazer-lhe as sandálias de Naipi.

Mal falou e juntou-se à noite, sumindo por entre um capão de bambu. Os açoites dos ventos enfeixavam os bambus numa trança.

– Volte aqui, Anu, pássaro da desesperança!

O grito de Tarobá se perdeu no meio do ranger dos taquarais. Ele senta, se levanta e, feito uma mosca tonta, caminha ao redor do seu próprio umbigo. O índio tinha certeza: Naipi, sua amada, estava em perigo! Mas onde estaria a sua querida? As palavras se atropelavam na sua cabeça aturdida. Eis que, de repente, um filhote de serpente – piando e rangendo os dentes – surge na sua frente.

– Este é o recado que trago até aqui: deposito em suas mãos o cocar de Naipi. – Cuspiu duas bolas de fogo pelas ventas e sumiu, adentrando uma poça lamacenta.

Tarobá chamava a peçonhenta aos berros. Com uma vara, cutucava, revirava o barro na tentativa de fisgar o filhote. Quedê sorte? Serpentina deu pinote.

Na noite escura, o cântico pressagioso de uma Saracura:

– Quebrei três potes, quebrei três potes. Esta noite vai ter mortes, quebrei três potes...

Tarobá sentia um frio percorrer por suas costas. Ante tamanho desafio, ele decide enfrentar as matas à cata de sua amada. Jaci, a lua, minguava no céu, cobrindo de breu todas as picadas. Nas pegadas de Tarobá sobre a areia branca que espraiava o Grande Rio, ia se formando uma chama de fio dourado. O terror estancava suas veias.

É uma trama! Entre um clarão e um lusco-fusco, a chama se aproxima aos poucos. Os olhos de Tarobá estão ofuscados.

– Tarobá, sou eu, o Boitatá! Pode conferir: um facho de cabelo de Naipi...

Como fogo se fez; tal fogo se desfez. Quando o índio tentou falar, a chama já havia se consumido. Temendo pelo destino de sua querida, o sangue subia à cabeça e fervia nas suas veias. Tarobá se arrastava, babava feito onça ferida. Tombou na areia.

– Ei, Tarobá, sou eu. Vamos, rapaz, o que foi que aconteceu?

– Xii, não quero nem ver!

Bem que ele escutou o chamado. Não quis responder. Assustado, pensou que ouviria já, já outro desesperador recado.

– Tarobá, o que aconteceu?

– Nada, nada, é problema meu!

– Eu posso ler o seu pensamento e ver o que se passa com você neste momento... Eu sei tudo da lua, do sol, do vento e do tempo...

– Oras, então leia!

O índio, num estalo, levantou-se da areia, e curioso para ver a dona da voz alheia, pasmou-se:

– Ah, não, é você, sereia!

Era a Deusa d'Água que estava ali a roubar, numa nesguinha da luz minguada de Jaci, em sua cauda cintilante.

– Sim, sou eu, Iara!

– A Sereia cantante!

Em cada escama, um brilho multicolor resplandecia no olhar fundo de Tarobá.

– Iara, você sabe onde anda Naipi?

– Calminha, digo já. Não se desespere, nem espere por mais nada. Ainda nesta madrugada, você tem de libertar a sua amada. Ela está triste e desesperada, e, a todo momento, clama por sua ajuda. Naipi está sendo severamente castigada pelo filho da Serpente, o Deus Peruda, o perseguidor e raptor das donzelas cunhantãs. No romper da manhã, Peruda pretende se casar com ela...

Impetuosamente, Tarobá se aproximou mais dela.

– Mas como chegar até Naipi, se nem ao menos sei o caminho? O que posso fazer?

A sereia pediu ajuda de um golfinho. Foram apenas alguns minutinhos para o golfinho aparecer. Pouco tempo depois, ambos chegavam ao pé da serra de Nadejara M'Boi, como era chamada a Deusa Serpente. Dali podiam se ouvir a zombaria, a gritaria e as gargalhadas dos deuses do Mal e da sua gente. Dali também podiam se ouvir os gritos de socorro de Naipi. Agora, Tarobá teria de enfrentar a subida do morro sozinho. Mas qual?

Havia um esquema de segurança terrível. Duendes espalhados por todo o matagal, usando tocha de taquara, sondavam pelas frestas do cipoal.

Vigiavam toda a movimentação na floresta. Deus Peruda morria de ciúme. Até uma legião de vagalumes, ele ordenou que patrulhasse aquele morro. Qualquer sinal suspeito que todos gritassem, pedissem socorro. A ordem para os Jaruparís era cuidar principalmente do cume onde se erguia a aldeia. Ali, Naipi estava amarrada por uma peia, aguardando o final do ritual para esposar Peruda.

– Eu ouço: Naipi implora por ajuda?

Os Juparás (macacos-da-meia-noite) começavam a despertar. Aumentava o coaxar dos sapos jururus. Aguçavam os olhares faiscantes dos urubus. Tarobá clamava pela ajuda de Tupã.

– Zelai pela sorte da minha Cunhantã!

O insistente pio das corujas e o monótono chiar dos grilos deixavam Tarobá ainda mais intranquilo... Ele só pensava em avançar, lutar!

– Quem sabe morrer; Ipó Serã matar!

Mas quem era, na verdade, este indiozinho metido a tal, a tentar desafiar a ira dos deuses do Mal? Tarobá, um guerreiro de sangue, espécie de príncipe da tribo kaigangue. Por ser valente, era bastante respeitado por sua gente.

E Naipi, quem era esta Cunhantã tão cobiçada pelos deuses e pelos indígenas dali? Índia da tribo Guarani, onde também era conhecida como Ivoty Pyahú, que quer dizer "a Flor Virgem do Iguaçu". Por sua beleza ardente e exuberante, fora escolhida pela Serpente para esposar o seu filho Peruda logo depois que completasse quinze anos. Este casamento não estava nos seus planos! O seu grande amor era Tarobá e somente com ele pretendia se casar.

O tempo voava como um colibri. Aumentavam os ecos dos gritos de Naipi. Outra vez, Tarobá se sentia impotente frente ao cerco da Deusa Serpente. E quando tudo parecia perdido, Tarobá ouve:

– Psiu!! Sou eu... Soube do acontecimento e vim ajudar você...

– Pererê!!!

De touca, cachimbo na boca e com uma perna só, olhem só quem estava ali: o danadinho do Saci.

Um brilho de esperança tomou conta dos olhos de Tarobá.

– Como você veio parar aqui, rapaz?

– Venho lá do pico do morro, onde moro num ninho de palha de milho amoitado nuns taquarais. Agora vamos libertar Naipi antes que seja tarde demais.

– Mas quem lhe contou do meu sofrimento?

– Eu ouvi gritos viajando no vento.

– Vamos, o mais importante neste momento é libertar Naipi.

– Como?

– Tarobá, eu tenho um plano. Eu vou por aqui, e você, por ali. Vou um pouco à frente. Fico transparente. Apago as tochas dos duendes e esmago os vagalumes, enquanto você tenta chegar logo ao cume do jeito que puder, e assim, ainda na madrugada, vamos libertar sua amada.

Cortando-se em espinho de Juati. Caindo em buracos. Assustando macacos, passando sufoco, os dois – o índio e o Saci – no primeiro patamar do morro de Nadejara M'Boi. Pios de cobras agora se misturavam aos de corujas, e todos pareciam gritar naquele momento:

– Fuja, fuja, Tarobá, enquanto há tempo!

O assovio dos ventos que embalavam os bambuais dava a impressão de ser tarde demais. De fato, no horizonte já se bordava uma leve cor avermelhada de Guaraci, o sol. Enquanto Jaci, a lua, seguia miúda à sua morada. O tempo voava no sacolejar, no bocejar das feras, na limpidez das esfinges das serras que davam adeus à madrugada.

Para alcançar a taba de Nadejara M'Boi, era necessário subir mais um lance. Um pouquinho depois, iniciava a última subida da agonia, da expectativa e da esperança. Tarobá, com toda valentia, avança:

– Preciso alcançar a aldeia antes que no céu desenhe o dia.

Um Pitanguá deu um susto em Tarobá:

– Bem-te-vi! Bem-te-vi!

O indiozinho suava e se contorcia de raiva. Ele também ouvia os gritos de Naipi pedindo socorro – até parecia que a subida do morro se esticava mais, quanto mais ele subia...

Dali daquela pedra, era possível ver Naipi amarrada num toco de peroba bem no centro da taba. Em sua volta, um macabro rito... Muita batucada e bebedeira, muitos gritos. Licor de mandioca corria de boca em boca. No ar, as gargalhadas surdas. Foi quando saiu de dentro de sua oca o Deus Peruda:

– Bem-vindo seja Guaraci! Esta é a hora esperada. Junto com o romper da manhã, esta jovem Cunhantã, a Naipi, estará casada com este Deus Peruda, prometendo ser sempre cega, surda e muda quando se tratar da imposição dos meus desejos de demônio. Agora pergunto: alguém por aqui se opõe a este matrimônio?

– Tem sim... Peruda! Sua ousadia chegou ao fim.

– Você, indiozinho pirralho, que quer de mim?

Tarobá estava à frente de Peruda a lhe desafiar. Ao notar a presença do pequeno kaigangue, toda a gangue pôs-se a zombar. Cada qual promovia sua intriga.

– Vamos dar um fim neste mambeca duma figa!

Naipi tentava se escapulir das peias. Ela tinha esperança. Os exaltados atiravam-lhe bagaços da ceia. Outros, raivosos, brasas e pontudas lanças só para lhe amedrontar. O valente Tarobá avança. Frente ao Deus Peruda, se postou. O Deus maligno desembainhou seu facão, e para cima dele, se atirou mais brabo que um leão. Tarobá aplicou-se um safanão, dois tabefes e um empurrão. Colocou Peruda esparramado no chão. A plateia, bêbada, gritava em tom de vingança:

– Cada qual com sua lança, vamos dar-lhe uma lição!

O Saci avançou em sua posição. Rumou ao centro, onde estavam os índios a observarem o espetáculo. Parou no meio da turba e começou a provocação. E como quem ensaia uma dança, gira como nunca na vida girou. Um redemoinho se formou. O vento, em cone, revirava tudo, abria buracos profundos, revirava as ocas no ar, atirava índios na ribanceira e formava uma cortina de poeira... Aproveitando o redemoinho e a grande confusão, Tarobá e Naipi se esconderam no meio do poeirão. Sumiram por entre as matas, se embrenharam no sertão. Peruda ficou vomitando fogo feito dragão...

Iam os dois deslizar numa canoa improvisada de pau de ingá pelo grande ribeirão, o Rio Paraná. Enquanto isso, na aldeia destruída, aumentava o rebuliço. A Serpente, irada, em soluço, se contorcia e rangia os dentes. A sua cauda sacudia o morro. De sua boca, escorriam bolas de fogo. O feiticeiro da tribo rogava praga. Fazia mandinga, misturava sangue com pinga e uma pitadinha de sal. Enquanto bebia a porção, gritava:

– Todos os deuses do Mal estão convocados! Os deuses da maldição: Deusa Serpente, Deus dos Mortos, Deus dos Tortos, Deus dos Vermes, Deuses Filhos do Cão... Deus Peruda, Deus das Pragas, Deus da Escuridão!

Um eclipse cobria de treva todo o universo. Em todos os recantos, se notava a ira dos deuses perversos. Serras desabando. Árvores se incendiando. Rios se deslocando do leito natural. O inferno era total. À deriva, a canoa ziguezagueava nas ondas do Rio Paraná. Faltava pouco mais de uma légua para chegar ao Iguaçu. Os deuses não davam trégua, queriam mesmo é acabar com Tarobá e Ivoty Pyahú. Bolas de fogo deslizavam pelas águas em direção à canoa. Uma explosão jogou o índio e sua amada no rio. A vida de ambos estava por um fio...

Naipi, cansada, afundou. Tarobá, em sua busca, mergulhou. Nenhum deles voltou à tona. Já se ouvia a gargalhada da Serpente M'Boi. Porém, um pouquinho depois, surgiram envoltos em lama.

– Ora, quem foi que salvou os indiozinhos?

– O golfinho! Ele foi buscar os dois bem lá no fundo....

– Ah, minha ira! Vamos acabar com o mundo!

Aumentaram os perigos. O golfinho foi obrigado a colocar os seus amigos numa praia, que ficava longe da tocaia dos deuses irados.

– Agora saiam daqui... Ei, acordem! Tarobá, Naipi!!

Não tinha jeito. Os dois estavam desmaiados. Os deuses avançavam, cada vez mais irados. Numa última tentativa, o golfinho engata ambos pelo peito e os atira bem longe do leito do rio. Tudo parecia acabado. As bolas de fogo da Serpente, a terra em tremedeira, a mata ardente em chamas, inundações e lama... Naipi e Tarobá jaziam desmaiados sob um pé de figueira. De repente, na copa da árvore, abriu-se uma carreira de onde vinha um feixe iluminado. A luz refletia nos olhos da Cunhantã. Ela foi acordando lentamente, e, deslumbrada, gritou sem acreditar no que via...

Salve nosso grande Deus Tupã!

Sobre a luz, sua figura resplandecia. Tarobá, que acabara de acordar, meio tonto, perguntava a Naipi:

– Já chegou a manhã? Que raio de Guaraci lindo, Cunhantã!!

– Não vê, Tarobá? Esta é a luz de Tupã!

Eterno dominador do inferno, dos trovões, das trevas e dos raios... Um Deus Supremo. A Serpente, ao vê-lo, tentava em vão sair de soslaio. Deus Peruda fingiu sentir um desmaio, e o Deus da Escuridão e os Filhos do Cão, desesperados, tomaram uma porção de veneno de cobra coral. Tupã, tranquilo e sereno, não lhes deu perdão. Um raio fatal atingiu fulminantemente o Peruda e a Serpente.

Tudo era cinzas e lama naquele lugar. Tupã chamou Tarobá e lhe disse:

– Você pretende ser feliz ao lado de Naipi? Pois bem, então, temos de começar a consertar tudo isto daqui. Esta missão é para vocês: fazer deste lugar o Paraíso, o Paikerê...

Tupã, diante da dúvida de Tarobá, explicou-lhe o que seria este Paikerê.

O Paikerê será o lugar mais lindo de se ver. Terá os mais belos campos, as mais férteis terras de todos os tempos, de todas as eras. Retornarão os índios, os pássaros e as feras que se embrenharam nas bibocas, nas tocas e nas ocas, ou que se perderam nas matas. As mais lindas praias contornarão as suas costas. Claros, límpidos ribeirões irão correr livres pelos vales do Ivaí, do Piquiri, do Paranapanema, do Tibagi e do Iguaçu, oferecendo muita água, dando muito peixe para todos do Oeste, do Norte, do Leste e do Sul. Brotarão neste paraíso as mais belas plantações, florestas, flores e capões... O cedo, o angico, o caá, a gabiroba, o jacarandá, a peroba, o gostoso palmito, o saboroso ingá, o exuberante ipê e aqueles que serão símbolos deste lugar: os pinheiros, reis dos matagais, os quais darão frutos e servirão de sombra para todos os animais.

Além destas matas, Paikerê deverá ter montanhas, serras, cachoeiras e cascatas. Enfim, Paikerê deverá ser como a própria felicidade. Neste paraíso, não haverá lugar para maldade, nem para falsidade. Nenhuma tribo fará guerra entre si. O exemplo de amor será o de vocês dois: Tarobá e Naipi.

Tupã explicou o que deveria fazer. Chamou-os num canto e se pôs dizer:

– Vão até ao pé daquele babaçu, porque ali está enterrado um tesouro, o Itainhareru, o Machado Encantado. E guardem estas palavras mágicas: Ko yvy oguerokô jara! Elas serão a lavra desta grande obra...

Bastava gritar as palavras mágicas, usando a seguinte tática: bater com o machado três vezes ao chão, que logo se formava um clarão, que dotava de amplos poderes aquele que o tinha em mãos. Depois, usar a imaginação e iniciar o cumprimento da missão.

A ideia era fazer um mutirão na floresta. Foi só bater o machado no chão e gritar a palavra mágica para se formar uma fantástica multidão. Parecia festa. Todos estavam à disposição, o Lobo, o Saci, o Caipora, a Iara, a Gralha, o Gambá, a Capivara e muitos outros animais.

– Ko Yvy oguerokô jara! – Assim gritou Tarobá, dando com o machado na terra. O Lobo se transformou num índio, cujo nome era Guairacá. A Gralha, que era parda, se tornou azul. Um Anu que passava descuidado por ali acabou se transformando num Colibri. O encanto deu mais uma perna ao Saci, e Iara ganhou asas para voar. Uma legião de borboletas que passava ao largo decidiu colaborar: transformaram-se num imenso arco-íris. Todos, felizes, começavam trabalhar...

Com o encanto, tudo era facilidade. Cada qual com sua criatividade dividia as obrigações. A Gralha-Azul se incumbiu de plantar os pinheiros, formando lindos capões. Os matagais ficaram por conta do Saci; as flores, obrigação do Beija-Flor (o Colibri). Para ficar cuidando destas belezas, Tarobá contava com a presteza de Curupira, antes uma mistura de bicho e gente, também conhecido como Caipora, agora um índio valente capaz de defender as matas, os animais e a sua gente.

A Tarobá e Naipi, cabia a missão de criar o Peabiru, o Caminho da Felicidade, que começaria no território do Iguaçu e seguiria até a Ilha do Mel.

– Tarobá, Paikerê deve ser um cantinho do céu...

Ko yvy oguerokô jara!

A Machadinha Encantada está nas mãos arrojadas de Tarobá, quebrando pedras, esculpindo rochas. Naipi enche de espuma o cachimbo do Saci. Ele assopra, e dali sai um chuvisco colorido. O Colibri se apressa em dar cor e sentido naquele lugar; plantando flores, Guairacá reúne os amigos, pois caso aparecesse um perigo, todos estariam ali para ajudar.

Sete rochas esculpidas. Sete lances de vida. Sete quedas caídas. Águas bailarinas. Sete sereias meninas a viver felizes, cobertas de chuviscos, iluminadas por um eterno arco-íris.

Estava na hora de subir mais para o sul. Enquanto Naipi e Tairobá traçavam o início da trilha de Peabiru, a natureza assistia a outra beleza forjada pela Gralha-Azul: a dança verdejante do nascimento dos pinheiros. Em cada taça, uma graça. Um brinde a Tupã e a Guaraci. O primeiro deu a vida; o outro, a luz da manhã.

A Gralha dava duro plantando os pinheirais; Naipi enchia de semente o cachimbo do Saci, que, através do seu sopro e do vento, plantava capões de ipês, capim cheiroso e jasmim, formando – por assim dizer – um tapete aveludado a ser destacado pelas cores das flores miúdas. Iara cumpria também com suas obrigações, já preparou a Lagoa Dourada, onde centenas de sereias encantadas se bronzeariam com os raios da lua prateada.

Agora mais animada ainda, recupera dois caldeirões do inferno, que já foram banheira de Serpente. Com seu trabalho terno e paciente, ela arruma e embeleza as duas Furnas. Com a ajuda de um Peixe-Espada, ela cava uma passagem subterrânea, ligando as Furnas à Lagoa Dourada.

– Afinal, não é qualquer sereia que voa!!! – disse o Peixe-Espada.

Por onde seguiria a trilha de Peabiru?

Todos subiram um pouquinho mais. Agora, a missão chegava aos Campos Gerais. Um horizonte de cinzas e areia. Uma planície careca e feia se perdia pelo espaço, ofuscando os olhos de quem via. Afinal, este local havia sido o fundo do mar, que, pela ira da Serpente, foi atirado para longe dali. Ninguém podia acreditar no que via. Tristeza que não tinha fim.

– **Ko yvy oguerokô jara!** Vamos fazer disto um verdadeiro jardim, o nosso Potirendaba!

Todos a postos: Guairacá, Naipi, Caipora e o Colibri, a Gralha e o Saci. Iara pousava numa rasante no horizonte dos Campos Gerais. Tarobá, com o Machado, arte e talento, com a ajuda do sol e do vento, construía a sua obra, a sonhada Itacueretaba, a Cidade de Pedras às margens do Rio Tibagi.

Pedras partidas... Rochas esculpidas, na nova Cidade de Pedras, Tarobá retratou o perfil de Naipi. Para completar a decoração, outras artes nasciam de suas mãos. Ele perfilou o Camelo, o Rinoceronte e a fronte de um leão. O Gorila e a tranquila Tartaruga, a gorda Baleia e um cismado Gavião. Por arte, engenho e o gosto esculpiu o seu próprio rosto, a fitar eternamente o sol. Criou o Farol para iluminar o rio e deixou pronta a Proa de um Navio. Tem até uma Bota no elenco de criação. A Garrafa e a Taça. Um brinde entre o tempo, o vento e as raças de todas as gerações. Por fim, os Castelos e os Guardiões, trincheiras primeiras dos bastiões, emprestando à Cidade a mais linda das visões.

Por onde continuaria a trilha de Peabiru? Rumava para o Sul. À frente, Tarobá e sua amada vão abrindo picadas. Fibras de ramü enroscam nas pernas de Naipi. Porém, por falta de equilíbrio, quem cai é o Saci. Tarobá ri. Longe voam a Gralha, a Iara e o Colibri... Ali nos Campos Gerais, o grande espetáculo é a força e a beleza dos pinheirais.

Os caminhantes abrem estrada rumo ao horizonte. Pequenos riachos e bonitas fontes vão sendo forjadas pelo caminho... Passarinhos... Flores do campo... A Gralha-Azul está mais à frente, duas, três léguas mais para o sul. Ela trabalha na plantação de pinheiros. E a comitiva vibra.

– Cory-Tuba!!!!!!!!

Morros, vales e planícies. Em todos os cantos, havia muitos pinheiros. A comitiva de Tarobá se encantava frente a tanta beleza. O cantar dos Sabiás deixava mais fantástica a natureza.

– Ko yvy oguerokô jara!

Machado Encantado três vezes ao chão. Hora de completar a arrumação. Mais peixes Cubatão, pedras para o Tibagi, perfume para o Belém. Enquanto isso, o Saci plantava ipê roxo e amarelo também, pés de caá e capim, e mudinhas de alecrim. Já o Colibri, ajudado por Naipi, esparramava sementes de várias espécies pelo chão. Como se vê, ali era o coração de Paikerê. Os olhos eram a nascente do Rio Iguaçu, cujo choro de alegria se ouvia em Foz do Iguaçu.

Sinuosa e insinuante, é assim que a cada instante vai surgindo a Estrada Graciosa. Samambaias compridas e vistosas, flores do campo, orquídeas e rosas dão colorido à Graciosa. A Serra do Mar dá lugar à trilha do Peabiru. Iara – em homenagem a Ivoty Pyahú –, com as águas cintilantes da Lagoa Dourada, voou como nunca dantes voara para dar uma arrematada num dos belos montes da Serra.

Do cume mais perto do céu, as águas de Iara caíram em forma de véu. O Véu da Noiva Naipi que, a poucas léguas dali, se casaria com o príncipe Tarobá, tão logo Peabiru alcançasse a Ilha do Mel.

– Ko Yvy oguerokô jara!

Tarobá e sua gente iam descendo a Serra. Ora navegando pelo Rio Nhundiaquara; ora pelo Cubatão, eles seguiam... Machado Encantado na mão...

Assim, a comitiva chega ao litoral. A paisagem estava prejudicada, muito mal. Outra vez, a palavra mágica, e começavam a ser formadas as mais lindas praias. Das mãos de Tarobá, nascem Caiobá, Matinhos, Guaratuba e o Morro de Brejatuba. Ainda, a bonita Ponta da Pita, a Fonte de Laranjeira, e pequenas cachoeiras que salpicam por aqui e por ali; destes lugares, se pode avistar o Pico do Marumby.

É preciso seguir...

O Colibri, a Iara, um bando de Borboletas e a Gralha-Azul já haviam terminado a trilha de Peabiru. Voando entre as nuvens do céu, eles chegaram ao ponto final: a Ilha do Mel. Faltavam ainda chegar Curupira e Guairacá, o Saci, e, claro, Tarobá e Naipi. Papagaios, Sabiás, Rolinhas e Maracanãs já iniciavam a festa no entardecer, que só terminaria na manhã, quando, pelas bênçãos de Tupã, finalmente Tarobá se casaria com sua linda cunhantã.

Era tardinha. Os noivos vinham chegando por uma passagem secreta que saía de Guaratuba, e depois de uma caminhada ao léu, dava na gruta da Ilha do Mel. Na Prainha acontecia uma grande ceia e uma linda apresentação da dança das Sereias. Jaci, orgulhosa, toda cheia de si, se preparava para a cerimônia de Tarobá e Naipi. Era dia no céu da noite de Paikerê. Era mel na Ilha do Mel do anoitecer. Nada mais havia para se fazer, estava pronto o Paiquerê. O Morro do Sabão – e outras belezas –, até mesmo uma Fortaleza de pedra estavam esculpidos.

O Farol – uma estrela cravada num morro – era como a própria luz do Sul a guiar os convidados perdidos...

Então este era o momento de todos voltarem ao normal? Guairacá e Curupira continuariam índios guaranis, a Gralha-Azul também queria continuar azul. Pegou amor pela cor.

– Com duas pernas, não sou Saci, como o Sol não é Jaci, nem Tarobá é Naipi...

– Prefiro mudar de ares, com asas não dá mais pé... quero viver aposentada nas águas banhadas de perfume das flores dos aguapés, sob as Sete Quedas de Guaíra.

– Eu sempre fui um Anu, amo a minha raça e minha cor. Foi bom ser um Beija-Flor, agora que acabou, pode sacudir o Itainhareru, pois quero voltar a ser Anu...

Quem queria, voltou ao que era antes.

Como Tupã havia ordenado, o Paraíso estava criado. Agora não havia mais motivo de carregar o Machado Encantado. Tarobá deu um grande grito, e, num rito, lançou o Machado ao Mar. Foi Itainhareru. Caiu na rede duma fragata pirata.

Ouvia-se trazido pelo vento um canto estranho:

– "Ora, da Nau Catarineta, dela vos quero contar: sete anos, mais um dia navegou nas ondas do mar."

"Sobe, sobe marujinho aquele tope real!"

– "Alvíssaras, meu capitão, meu capitão general, lá vejo terras de Espanha e praias de Portugal..."

Num piscar de olhos, Jaci desapareceu, e a noite ia se fazendo um breu. O Saci escapuliu, as Sereias se esconderam e Naipi sumiu. Tarobá se perdeu. O pio agourento da coruja entediava ainda mais aquele momento, já salpicado de chiados minúsculos dos grilos. Rugas avermelhadas brotavam no céu do anoitecer.

Pelas estrias do mar, podia-se notar que o vento vinha do sul, um vento frio a tomar conta de toda a região. Viam-se, de longe, os vales do Ivaí, do Piquiri, do Iguaçu, do Paranapanema e do Tibagi a sumir na escuridão. Lá da Serra do Mar, se escutavam pinheiros tombando no chão. O Machado Encantado agora era usado para fazer devastação.

Tarobá, desesperado, gritava a todo pulmão:

– Ko yvy oguerokô jara! Paraná, Paikerê, Colibri, Guairacá, Saci-Pererê, Iara, Surupira, Cunhantã. Valei de todos nós, Deus supremo Tupã! **Ko yvy oguerokô jara!**

O grito de Tarobá ainda ecoa pelos anos. **Ko yvy oguerokô jara!**

Quer dizer, em tupi-guarani:

ESTA TERRA TEM DONO, TEM DONO, TEM DONO...

Papaba

KO YVY OGUEROKÔ JARA!

NOTA EXPLICATIVA

Para escrever este pequeno romance destinado à geração infanto-juvenil – mas que também poderá e deverá circular entre outras faixas etárias –, pesquisei durante anos as mais variadas fontes que dão conta da história, da geografia do Paraná, das lendas e dos mitos da comunidade indígena brasileira. A "porfia", um estilo muito parecido com o "repente" nordestino, presente ainda entre parte da população do nosso litoral no Sul, foi a forma que escolhi para alinhavar esta estória.

De autores como o Padre Antonio Ruiz Montoya, o primeiro escritor a mostrar o Paraná quando era apenas uma terra da Espanha e praias de Portugal, dividido com a República Teocrática dos Guaranis (da Companha de Jesus, claro), até o africano naturalizado americano Errol Lincoln Uys, com os seus Brasil I e Brasil II, passando por Romário Martins, Telêmaco Borba, Vasco Taborda, Serafim França, Hermínio da Cunha Cesar, Maria Cecília Westphalen, Samuel Guimarães da Costa, David Carneiro, debrucei-me sobre diversos livros, inclusive sobre documentos que compõem algumas edições do Boletim do Instituto Histórico, Geográfico e Etnográfico Paranaense, além de dicionários do tronco linguístico Tupi.

É preciso registrar a dificuldade de encontrar, entre tantas obras, as grafias corretas das palavras de origem tupi-guarani e de tribos de outros troncos linguísticos pinçadas durante a pesquisa. Optei, neste caso, por aquelas grafias predominantes nas obras da maioria dos autores, sem querer, no entanto, com esta atitude definir a verdade sobre a língua indígena na forma com que ela aparece na história e nas relações dinâmicas entre as mais diversas famílias tribais.

O título provisório deste livro era “O Machado Encantado”. Porém, por sugestão do meu amigo de saudosa memória, o grande poeta, ensaísta, escritor etc., etc., Paulo Leminski, chegamos à conclusão de que KO YVY (em tupi-guarani, quer dizer “Nossa Terra ou “Esta Terra”) agruparia, na sua essência, os propósitos do romance.

A responsabilidade me impõe advertir sobre os aspectos de estereótipos (que aparecem ou não no interior de KO YVY) envolvendo os índios brasileiros, até mesmo porque, no processo de criação, não me prendi ao purismo da língua, e sim ao resgate da cultura (ou, pelo menos, parte dela) indígena, de maneira a despertar um pouquinho mais a consciência da geração presente. Gostaria, portanto, de fazer o seguinte esclarecimento, utilizando-me de dados da FUNAI:

a) Cacique: termo proveniente do Taiano, uma língua das Antilhas, de acordo com o Antenor Nascentes. Na realidade, o nome aplicado ao chefe indígena brasileiro, de um modo geral, varia de acordo com a língua de cada corpo indígena.

b) Pajé: em cada grupo indígena, existem uma ou mais pessoas encarregadas de curar doenças através de práticas mágicas. Há uma categoria desses médicos-feiticeiros que são chamados Xamãs – o que os caracteriza é o presumível poder de cada um de afastar a alma do corpo, levando-a a percorrer lugares distantes, ou encarnando espíritos estranhos. O Pajé dos índios Tanetehara e o Pancé dos Tapirapé, ambos os grupos do tronco linguístico Tupi, são exemplos, respectivamente, do “Xamã possuído” e do “Xamã viajante”. Estas designações originaram o termo Pajé. Entre outros grupos indígenas, existem outros tipos de intermediário entre os vivos e o sobrenatural, com funções diferentes das citadas, sem nunca ter nada de relação com os nossos conceitos de “funções sacerdotais”.

c) Tupã: entre os índios brasileiros, consta que somente os índios Apapokuva e grupos a ele ligados creem num ser supremo, que criou a terra e irá destruí-la um dia. Chamam-no de Nianderusuvú. No mais, o que tem é a presença dos heróis místicos, em mais das vezes, "civilizadores". Isto é, aqueles que ensinaram técnicas, ritos e regras "sociais" aos membros da tribo. Tupã é um ser sobrenatural somente para os índios que falam a língua do tronco Tupi. Os demais não o conhecem. Até mesmo para quem o conhece, Tupã nunca foi o principal dos entes sobrenaturais, e sim uma espécie de "demônio" (?) que domina o trovão, o raio, podendo, com eles, provocar a morte e a destruição. Foram os primeiros missionários que tentaram explicar Deus aos índios com o nome de Tupã.

d) Caça e pesca: além da caça, da pesca e da coleta, a maioria dos grupos indígenas pratica a agricultura. Coleta é a procura de frutos, de raízes de vegetais não cultivados, de alguns produtos de origem animal em estado natural, como ovos de tartaruga, mel etc. A agricultura implica preparo do terreno, plantio, colheita. A maior parte dos índios brasileiros usa facões, enxadas e machados de ferro; anteriormente à chegada dos europeus, usavam machados de pedra para extrair troncos e paus pontudos para perfurar a terra e retirar outras raízes.

e) Rede: só usam rede os índios que conhecem a tecelagem; os outros dormem no chão, em diversas espécies de esteiras ou sobre estrados.

f) Trabalho: o índio não é preguiçoso, nem desconfiado. Pelo contrário, dedica-se com método e satisfação à tarefa que lhe cabe na organização tribal e é de temperamento alegre e brincalhão. A divisão do trabalho entre a mulher e o homem indígena é rígida. O homem é encarregado de eventuais guerras, da construção das casas, das derrubadas das matas (de forma racional e preservacionista), do preparo do terreno para a roça, da caça e da pesca, e da manufatura de instrumentos de madeira e cestos. Para a mulher, está reservada a fabricação dos utensílios de cerâmica, a tecelagem, o preparo dos alimentos, o cuidar das roças e da colheita, o transporte dos fardos e o suprimento de água, além de encargos de mãe, entre os quais o de amamentar os filhos, às vezes, até aos sete anos de idade.

g) Língua Tupi: muitos ainda pensam que todos os índios brasileiros falam a língua Tupi, isto porque, na descoberta do Brasil, os portugueses só constataram índios do litoral, entre os quais predominavam tribos que falavam língua do tronco Tupi. Os primeiros missionários pensaram que todos os índios falavam a mesma língua e criaram uma gramática para o Tupi. Os primeiros historiadores que escreveram sobre o índio brasileiro referiram-se quase exclusivamente ao Tupi. Hoje, etnólogos e linguistas dividem a língua falada pelos indígenas brasileiros em três grandes troncos linguísticos, e estes, em inúmeras famílias, como também constataram, entre alguns grupos indígenas, línguas que não puderam classificar.

Os três grandes troncos linguísticos são: Tupi, Macro-Jê e Aruak. As famílias são:

1. Tronco Tupi: Tupi-Guarani, Juruna, Ariken, Tupari, Ramarama, Mende-Puruborá

2. Tronco Macro-Jê: famílias Jê, Maxacali, Fulniô, Karajá, Kaigangue

3. Tronco Aruak: famílias Arauá e Arauak

Estas famílias linguísticas compreendem inúmeras línguas. Muitas outras famílias conhecidas não puderam ser classificadas em troncos, tais como: Karib, Tucano, Pano, Xirianá e outras.

O autor
1991

KO YVY - OUR LAND

The ominous chirping of the owl saddened even more the twilight already speckled with the quiet hissing of the crickets. Reddish wrinkles grew in the dusk sky. Through the streaks of the Great river – the Paraná River – it could be noticed the cold wind taking over the wilderness. All the area of the Ivaí, Piquiri, Iguaçu, Paranapanema and Tibagi valleys were disappearing in the darkness.

The animals sheltered themselves in their burrows. The natives retired themselves earlier than usual in their huts. Only a persistent, windy whistle blew through the ruts.

A kaingang – a pureblood little indian – was still awake in his village. It was Tarobá that breathed deeply, itching himself, frowning and traveling through deep thoughts.

- Something bad is happening in the forest... What could it be? Nothing left for me but to wait and see.

In the middle of Capoeira bushes, an Ani rises. A bunch of fireflies shed light on its murky wings. The Ani lands.

What do you want here... at this time of night? Come on, say it right.

- I've brought you the sandals of Naipi.

Barely spoke and it joined the night, disappearing between a bamboo copse. The wind lashes bundled the bamboos in a braid.

- Come back here Ani, bird of despair!

The yell of Tarobá got lose amongst the creaking of the bamboos. He sits, gets up and, like a dizzy fly walks around his own navel. The little indian was sure: his loved Naipi was being hurt! But, her, where can I find? Words trampled themselves in his bewildered mind. Suddenly comes a baby snake – chirping and gritting its teeth – right before him.

- This is the message I bring here: I put in your hands the panache of Naipi. It spit two fireballs through its nostrils, and disappeared under muddy pools.

Tarobá called the venomous creature out loud. With a stick he poked, stirred the mud in an attempt to fish out the snake. His luck? The snake was already out of the muck.

In the dark night the portentous chant of a rail: - I broke three pots, I broke three pots. Tonight death allots, I broke three pots…

Tarobá felt a cold running through his back. Before such challenge, he decided to brave the woods in search of his beloved. Jaci, the moon, waned in the sky, covering in darkness all the bites. On Tarobá's footprints in the white sand spread around the Great River, it was forming a golden wire flame. Fear underlined his heartbeats.

It's a plot! Between a flash and a twilight, the flame got closer uptight Tarobá's eyes are dazzling.

- Tarobá, it's me the Boitatá! Check it out: a hair beam from Naipi…

As fire it came, as fire it retired. When the little indian tried to talk, the flame was already expired. Fearing for the fate of his loved one, blood rushed up his head and burned in his veins. Tarobá crawled, drooling like a hurt jaguar. He tumbled in the sands.

Hey Tarobá, it's me, come on man, what happened?

- Chi, I don't even want to see!

Well, he heard the call. Didn't want to answer. Scared, he thought he would soon hear another nerve-wrecking message.

- Tarobá, what happened?

- Nothing, it's just a personal predicament!

- I can read your mind and see what troubles you find... I know all about the moon, the sun, the wind and the time…

- Well, then read it! The little indian, in a snap, rose from the sand and curious to meet this other voice. What was that?

- Oh no, it's you the Mermaid!

It was the Mother of the Water there to steal in Jaci's dim light squiggle in her sparkling backend.

- Yes, it's me, Iara!

- The singing Mermaid!

On each scale, a multicolor glow shone on Tarobá's deep stare.

- Iara, do you know where's Naipi?

Settle down, I'll tell you. Don't get desperate nor elate for anything else. Tonight, you must save her from her plight. She is sad and desperate and calls every moment for your might. Naipi is being severely punished by the Serpent's child, Lord Peruda, chaser and raptor of young Cunhantãs. At the break of dawn, Peruda intends to marry her...

Impetuously, Tarobá got closer to her. But how can I reach Naipi, if I don't even know the way? About that, what do you have to say?

The mermaid called a dolphin for help. It only took a couple of minutes for the dolphin to arrive. Shortly after, both reached the foot of Nadejára M'Boi mountain, home of the eponymous Serpent goddess. There it could be heard the mockery, yelling and laughter of the Evil gods and their subjects. There it could also be heard Naipi's pleas for help. Now Tarobá had to climb the mountain alone. But how!

There was a terrifying security plan. Pixies scattered throughout the jungle using bamboo torches, probing through the cracked vines. They watched all movement in the woods. Lord Peruda was very jealous. Even a firefly legion was ordered to patrol that hill. If any suspicious sign was seen, they all should call for help in a yell. The Jaruparís mission was to take care of the ridge where the village was set. There Naipi was tied in a bridle, about to marry Peruda at the end of the ritual.

- I hear: Is Naipi begging for help?

The Juparás (kinkajous) started to wake up. The croaking of the jururu frogs was getting louder. The sparkling eyes of the vultures were getting sharper. Tarobá cried out for Tupã's help.

- Zeal over my Cunhantã's fortune! The persistent chirping of the owls and the monotonous hissing of the crickets made Tarobá more uptight. He only cared about moving forward, to fight!

- Those who know how to die; Ipó Serã will kill!

But who did this little indian think he was, to try and challenge the wrath of the Evil gods? Tarobá, a natural warrior, a kind of a prince of the Kaingang tribe. For being brave, he was very respected by his kind.

And Naipi, who was that Cunhantã so cherished by the gods and natives alike? Native of Guarani tribe, where she was also known as Ivoty Pyahú which meant

"Virgin Flower of Iguaçu". For her fiery and lush beauty, she was chosen by the Serpent to marry her son Peruda after she completed turned fifteen. This marriage wasn't her idea! Her love was Tarobá and only with him did she want to marry.

Time flied like a hummingbird. Naipi's screamed echoes could be heard Once again Tarobá felt impotent before the siege of the Serpent. And when all was thought to be over, Tarobá hear:

- Psst!! It's me…I heard about the case and came to help you…

- Pererê!!!

With a cap, a pipe in the mouth and just one leg, look who was there: naughty little Saci.

A gleam of hope took over Tarobá's eyes.

Buddy, how did you end up here?

- I came from the summit, where I live in a corn husk nest moored on some bamboos. Now let's rescue Naipi before we are overdue.

- But who told you about my suffering?

- I heard scream blowing in the wind.

- Come on, what matters now is to rescue Naipi.

- How?

- Tarobá, I have a plan. I'll go here and you go there. I'll go further ahead. I'll be transparent. I'll blow the pixies torches and smash the fireflies, while you head up to the ridge in your pace and in a swirl we will rescue your girl.

Cutting themselves in nightshade thorns. Falling on pits. Scaring monkeys, going through troubles, the two – the indian and the Saci – in the first level of Nadejára M'Boi hill. Snake chirps now mingled with the owls' and now everybody seemed to scream:

- Run, run Tarobá while you can!

The whistling winds that cradled the bamboo groves seemed to sign it was too late. In fact, from the horizon it could be the faint reddish colors of Guaraci, the sun. Meanwhile Jaci, the moon, still looked small from her room. Time flew in the shaking, in the beasts' yawn, in the clarity of the mountain sphinxes that embraced the dawn.

To reach the village of Nadejara M'Boi it was necessary to climb another level. Up ahead was the last climb of agony, expectation and hope. Tarobá, full of bravery, moved up;

- I need to reach the village before the morning draws in the sky.

A Pitanguá bird scared Tarobá:

- Bee-tee-wee! Bee-tee-wee! The little indian perspired and squirmed in ire. He also heard the cries of Naipi calling for help. (It looked like the path uphill was getting longer the further he went…)

From that rock he could see Naipi tied in a Peroba stump right in the middle of the village. Around her a terrible rite… Lots of drumming, drinking and screaming. Manioc liquor ran through every mouth. In the air, the deafened laughter. And then out of his hut came, Lord Peruda:

- Guaraci be welcome! This is the awaited hour. At the break of dawn this young this young Cunhantã, Naipi, will be married to Lord Peruda, swearing to always be blind, deaf and dumb when it comes to imposing my devilish rule of thumb. Now I challenge: Is anyone around here against this marriage?

- Yes, there is... Peruda! Your audacity has come to an end.

- You, little indian brat, what do you want?

Tarobá was before Peruda and challenging him. Upon noticing the little kaingang, all the gang mocked in a grin. Everyone within their game.

- Let's get rid of this manioc-brain!

Naipi tried to escape from her bridle. She was hopeful. The excited ones threw at her bagasses from the supper. The others, in anger, embers and sharp spears just to intimidate her. Brave Tarobá moves forward. Positioned himself before Lord Peruda. The evil Lord unsheathed his blade of iron and threw himself over the boy, angrier than an lion. Tarobá gave him a bob, two punches and a push. He had Peruda spilled in the ground. The drunken natives shouted with vengeance:

- Everyone with your lance, we'll give you a good pound!

The Saci advanced in his ground. Headed to the middle were the natives were positioned. Stopped among the crowd and started a fight. And like one who practiced dancing, he spins like he never had the might. A swirl was rising. The wind in a cone tossed everything, opened deep holes, tossed the huts up in the air, tossed the natives in the riverbank and made a curtain of dust... Taking advantage of the swirly mess, Tarobá and Naipi hid themselves in the dusty dimness. Disappeared in the wilderness, plunged into the jungle. Peruda was spitting fire like a dragon...

The two would slip in an improvised canoe made of Inga through the great river, the Paraná. Meanwhile, in the destroyed village there was a big fuss. The Serpent, irate and sobbing, squirmed and gnashed her teeth. Her tail shook the hills in defeat. Her mouth spilled fireballs. The tribe wizard casted curses. Performed sorcery, mixed blood with alcohol and a bit of salt. As he drank the potion, yelled:

- All Evil gods are summoned! Gods of the damned: Serpent God, God of the Dead, God of the Crooked, God of the Vermin, Offspring Gods of the Devil... Lord Peruda, God of Plagues, Lord of Darkness!

An eclipse covered the entire universe in darkness. In every nook, you could see the evil gods' hatefulness. Mountains crumbling down. Trees burning up. Rivers shifting out of their beds. Hell came to town. Adrift, the canoe zigzagged through the waves of the Paraná River. There was still just one more league to get to the Iguaçu. The gods were merciless, they wanted to destroy Tarobá and Ivoty Pyahú. Balls of fire glided in the waters towards the canoe. An explosion threw the little indian and his girl in the river. Their lives were in great danger...

The tired Naipi sank. Tarobá dove in her rescue. None have returned. Serpent M'Boi laughter could be heard. But not long after, both came caked in mud.

- Now, who has saved the little indians?

- The dolphin! He rescued them from the bottom...

- Oh, my rage! Let's destroy this microcosm!

Danger has increased. The dolphin was forced to take his friends in a beach away from the wrath of the angry gods.

- Now get out of here... Hey wake up! Tarobá, Naipi!!

There was nothing to do. Both were passed out. The gods advanced as their anger grew. In a last attempt, the dolphin hitches them both with his chest and tosses them very far away from the riverbed. All hope seemed to be dead. The Serpent's fireballs, the quaking earth, the burning woods, floods and mud... Naipi and Tarobá lied unconscious under a fig tree. Suddenly, on the tree top opened a clearing from where came a lightning beam. The light reflected on the

Cunhantã's eyes. She was slowly waking up and screamed in a dazzle without believing her sight…

Hail our great God Tupã!

Over the light, his figure glittered. Tarobá, who had just waked up in a daze, asked Naipi:

- Has the morning come already? How Guaraci shines beautifully, Cunhantã!!

- Can't you see, Tarobá? This is the light of Tupã!

Eternal overlord of hell, thunder, darkness and lightning… A Supreme God. The Serpent upon seeing him, tried in vain to escape from sideways. Lord Peruda pretended to faint and the Lord of Darkness and the Offspring of the Devil drank desperately a dose of coral snake venom. Serene and calm Tupã did not forgive them. A fatal lightning bolt stroke Peruda and the Serpent in a thunder.

Everything was ashes and mud over there. Tupã called Tarobá and told him:

- Do you intended to be happy with Naipi? Then we have to fix everything right here. This mission is for you: to make this place Paradise, the Paikerê…

Tupã – noticing the doubt in Tarobá – explained what would be this Paikerê.

Paikerê will be the most beautiful place to see. It will have the most beautiful fields, the most fertile lands of all time, of all eras. They shall return the natives, the birds and the beasts that delved in the ruts, huts and burrows or lost themselves in the woods. The most beautiful beaches will outline its shores. Clear, clean waters will run free through the Ivaí, Piquiri, Paranapanema, Tibagi and Iguaçu valley, bringing so much water and lots of fish for all in the West, North, East and South. In this paradise, it will sprout the most beautiful plantations, forests, flowers and copses… Stonecrops, angico, caá, gabiroba, jacaranda, peroba, the delicious palmetto, the tasty inga, the exuberant ipê and those will symbolize this place: the pine trees, kings of the woods which will give you fruits and shadow to all animals.

Beyond these woods, Paikerê shall have mountains, hills, waterfalls and rapids. Anyway, Paikerê shall be like happiness itself. In this paradise there will not have room for evil or lies. No tribe shall fight among themselves. The example of love will come from you two: Tarobá and Ivoty Pyahú.

Tupã explained how it would be done. Called them to a corner and spoke:

- Go to the feet of that babassu as there is a treasure buried there, Itainhareru, the Enchanted Axe. And remember these magical words: Ko yvy oguerokô jara! They will be responsible for this great work…

All it needed to be done was to shout those magic words, using the following tactic: hit the Axe three times on the ground that soon would appear a flash that would give great powers to whomever the Axe is found. Then use your imagination and start completing the mission.

The idea was to make a collective effort in the forest. All it took was hitting the Axe on the ground and yell the magic words to summon a fantastic crowd. It was like a party. Everyone was available: the Wolf, the Saci, the Caipora, Iara, the Jackdaw, the Skunk, the Capybara, and many other animals.

Ko Yvy oguerokô jara! Thus yelled Tarobá hitting the Axe on the ground. The Wolf transformed into a native, who was called Guairacá. The brown Jackdaw turned blue. An Ani passing carelessly nearby turned in a Hummingbird. The enchantment gave another leg for the Saci and Iara gained wings to fly. A legion of butterflies that were flying off decided to help: turned into a massive rainbow. All of them merrily started to work…

With the enchantment, everything was easy. Each one with its creativity shared their obligations. The Blue Jackdaw took care of planting the pine trees, creating beautiful copses. The jungles were handled by the Saci, the flowers by the Hummingbird. To keep an eye in this entire wilderness, Tarobá counted with Curupira's promptness, once the cross between animal and people, also known as Caipora, now was a brave native capable of protecting the woods, animals and his people.

To Tarobá and Naipi was the mission to create Peabiru, the Path to Happiness, which would begin within Iguaçu's territory and go up to the Island of Honey.

- Tarobá, Paikerê must be a piece of heaven...

Ko yvy oguerokô jara! The Enchanted Axe was in Tarobá's bold hands breaking stones, carving rocks. Naipi filled the Saci's pipe with foam. He blows it and out comes a colorful drizzle. The Hummingbird hurries in giving color and meaning to that place, planting flowers. Guairacá gathers their friends, as should danger come nearby, everyone would be there to help.

Seven rocks carved. Seven shots of life. Seven Falls fallen. Ballet of the Waters. Seven young mermaids to live and grow, covered in drizzles, lit by an eternal rainbow.

It was time to go further south. While Naipi and Tarobá traced the beginning of Peabiru, nature watched another beauty forged by the Blue Jackdaw: the verdant dance of the pine trees birth. In each cup a grace. A toast to Tupã and Guaraci. The former gave life; the latter, the morning light.

The hummingbird worked hard planting the pineries; Naipi filled with seeds the Saci's pipe that through his breath and wind, planted copses with ipes, lemon grass and jasmine weaving – so to speak – a velvet carpet to be highlighted by the young flowers. Iara also worked on her duties, have just prepared the Golden Lake, where hundreds of enchanted mermaids would tan with the silver moon rays.

Now even more excited, she retrieves two cauldrons from hell, that once were used by the Serpent as bathtubs. With her loving and patient work, she tidied and embellished the two Caves. With the help of a Swordfish she digs an underground path linking the Caves to the Golden Lake.

- After all not every mermaid can fly!!! Said the Swordfish.

Where does the Peabiru trail go?

Everyone climbed a little higher. Now the mission got to the General Fields. A horizon filled with ashes and sand. A bald and ugly plain lost in space, obfuscating those who looked. After all this place was once the bottom of the sea, which by the Serpent's wrath was tossed far from there. No one could believe their eyes. Endless sadness.

- Ko yvy oguerokô jara! Let's make this a major garden, our Potirendaba!

Everyone ready: Guairacá, Naipi, Caipora and the Hummingbird, the Jackdaw and the Saci. Iara rested in a grazing in the horizon of the General Fields. Tarobá with the Axe, art and talent, with the help of the sun and winds, built his work, the dreamed Itacueretaba, the City of Stones in the banks of the Tibagi River.

Broken stones...Carved rocks, in the new City of Stones. Tarobá portrayed Naipi's profile. And once that came to an end, other artworks brew from his hands. He profiled the Camel, the Rhino and the face of a lion. The Gorilla and the calm Turtle, the fat Whale and a brooding Hawk. For art, ingenuity and taste he carved his own face eternally staring at the sun. Created the Lighthouse to light the river and prepared the Bow of a Ship. There's even a Dolphin in the creation cast. The Bottle and the Cup. A toast between time, the wind and all generations' races. Finally the Castles and the Guardians, prime trenches of the strongholds, lending the City the most beautiful of sights.

Where would Peabiru continue? Headed to the South. Ahead, Tarobá and his girl went opening pathways. Threads of ramü tangled in Naipi's legs. But the one who tumbled and fell was the Saci. Tarobá sneers. Far flied the Jackdaw, Iara and the Hummingbird… There in the General Fields, the great spectacle was the strength and beauty of the pineries.

The hikers made their way to the horizon. Little streams, beautiful fountains were being wrought along the way…Birds…Flowers in the field…The Blue Jackdaw is up ahead, two, three leagues further South. She works in planting the pine trees. And the entourage cheers.

Cory-Tuba!!!!!!!!

Hills, valleys and plains. In every corner there were many pine trees. Tarobá's entourage was enchanted before such beauty. The song of the Songbirds gave nature further divinity.

- Ko yvy oguerokô jara! Enchanted Axe three times in the ground. Time to finish the arrangement. More fish for Cubatão, stones for Tibagi, perfume for Belém. Meanwhile, the Saci planted Pink and Golden Ipes, Caá trees and Grass and Rosemary seedlings. The Hummingbird with the help of Naipi spread seeds of all kinds in the ground. As you can see, that was the heart of Paikerê. The eyes were the source of the Iguaçu River, whose cries of joy could be heard from the Mouth of Iguaçu.

Winding and winning was how Gracious Road was emerging at every moment. Long and showy ferns, flowers in the field, orchids and roses color the Gracious. The Sea Ridge gave place to the Peabiru. Iara – as a tribute to Ivoty Pyahú – with the sparkling waters of the Golden Lake, flied like never flew before to tie up loose ends in one of the beautiful heaps of the Ridge.

From the closest summit to the sky, Iara's waters fell like a veil. Naipi's Veil, who just a few leagues from there got married with prince Tarobá, as soon as Peabiru reached the Island of Honey.

Ko Yvy oguerokô jara!

Tarobá and his folks were going down the Ridge. Whether sailing the Nhundiaquara river; or the Cubatão, they went…Enchanted Axe at hand…

And finally the entourage reached the Shore. The landscape was very damaged, very sore. Once again the magic words and it began to form the most beautiful beaches. From Tarobá's hands were born Caiobá, Matinhos, Guaratuba and the Brejatuba Hill. Also, the beautiful Tip of Pita, Fountain of Laranjeira, and little waterfalls sprinkled here and there; from these places you could see the Peak of Marumby.

We must proceed...

The Hummingbird, Iara, a bunch of Butterflies and the Blue Jackdaw just finished walking through Peabiru. Flying through the skies, they their last stop: the Island of Honey. Yet to arrive were Curupira and Guairacá, the Saci, and of course, Tarobá and Naipi. Parrots, Songbirds, Doves and Macaws started celebrating at dusk up until dawn where by Tupã's vows, Tarobá would finally marry his beautiful cunhantã.

It was afternoon. The bride and groom came through a secret passage that left from Guaratuba and after some walking at random, reached the grotto at the Island of Honey. In the beach there as a great supper and a beautiful dance number from the Mermaids. Jaci, proud and full of herself, was getting ready for Tarobá and Naipi's ceremony. It was day in the night skies of Paikerê. It was honey at the Island of Honey of dusk. There's nothing left to say, it was finished the Paikerê. The Hill of Soap – and other beauties – even a stone Fortress were built.

The Lighthouse – a star spiked in a hill – was like the Southern lights themselves guiding the lost guests…

So is this the moment when everyone goes back to normal? Guairacá and Curupira remained as guarani natives, the Blue Jackdaw wanted to stay blue. He loved the hue.

- With two legs I'm not Saci, as the Sun isn't Jaci, and Tarobá isn't Naipi…

- I prefer to change the scenery, I can't handle these wings no more… I want to retire in the waters perfumed with the scent of hyacinth flowers, under the Seven Falls of Guaira.

- I was always an Ani, I love my kind and my color. It was good being a Hummingbird, now that is over you can shake the Itainhareru because I want to return being an Ani…

Those who wanted, returned to what they were before.

As Tupã has ordered, Paradise was created. Now there was no reason to carry the Enchanted Axe. Tarobá gave a great yell and in a rite threw the Axe at the Sea. It was Itainhareru. Fell in the net of a pirate frigate.

It could be heard blowing in the wind a strange song:

- “Oh, from ship Catarineta, from there I want to tell: seven years, plus one day sailed through the sea waves.”

“Climb, climb little sailor that royal topknot!”

- “Godspeed my captain, my captain general, there I see lands of Spain and shores of Portugal…”

In a blink Jaci disappeared and the night was getting pitch dark. The Saci slipped away, the Mermaids hid and Naipi faded away. Tarobá lost himself. The ominous chirping of the owl understood even more that happening, already sprinkled with the quiet hissing of the crickets. Reddish wrinkles grey in the dusk sky.

Through the sea streaks, it could be noticed that the wind came from South, a cold wind taking all over the wilderness. From afar it could be seen, the Ivaí, Piquiri, Iguaçu, Paranapanema and Tibagi valleys disappearing in the darkness. From the Sea’s Ridge pine trees could be heard tumbling on the ground. The Enchanted Axe was now being used for destruction.

A desperate Tarobá shouted from the bottom of his lungs:

- Yo yvy oguerokô jara! Paraná, Paikerê, Colibri, Guairacá, Saci Pererê, Iara, Surupira, Cunhantã. Bless us all supreme God Tupã! Ko yvy oguerokô jara!

The shout of Tarobá still echoes through years. Ko yvy oguerokô jara! In Tupi-Guarani it means: THIS LAND IS OWNED, IS OWNED, IS OWNED....

Papaba

EXPLANATORY NOTE

To write this little romance meant to the Young adult generation – but that also can and should circulate between the other age groups – I've researched for many years the many different sources in charge of the history and geography of Paraná, of legends and myths of the Brazilian native community. The "porfia", a style very similar to the Northeastern Brazilian "repente", still present among our folks in the Southern coast, was the style chosen to baste this story.

From authors such as Father Antonio Ruiz Montoya, the first writer to showcase Paraná when it was still Spanish territory and Portuguese shore, shared with the Theocratic Republic of the Guarani (owned by the Society of Jesus, of course) to the African-born American Errol Lincoln Uys, with your Brasil I and Brasil II, passing through Romário Martins, Telêmaco Borba, Vasco Taborda, Serafim França, Hermínio da Cunha Cesar, Maria Cecília Westphalen, Samuel Guimarães da Costa, David Carneiro, I pored over many books, including documents that make up the Paraná's Historical, Geographical and Ethnographical Institute Bulletin, as well as dictionaries of the Tupi language stock.

It's important to register the challenge that was finding yourself among so many works and correct spellings of words from Tupi-guarani and from other tribes with other language stocks sampled during the research. I've opted in this case for the prevailing spelling in most authors' works, without, however, wanting to establish the truth about the native languages in the way they appear in the story and in the dynamic relations between the many tribal families.

The working title of this book was "The Enchanted Axe". However, as suggested by my late friend, the great poet, essayist, writer etc, etc, Paulo Leminski, we've concluded that KO YVY (Tupi-guarani word that means "Our Land" or "This Land") would group the romance's intentions in its essence.

The responsibility makes me warn about the stereotypical aspects (that do or do not show up in "KO YVY") regarding Brazilian natives, especially because during the writing I didn't stick to linguistic puritanism, but to the rescue of the native culture (or at least part of it), in a way to conscientize a bit more the current generation. As such, I'd like to make the following clarification, based on data by FUNAI:

a) Cacique: a word from Taino, an Antillean language according to Antenor Nascentes. It's actually the name of the Brazilian tribal chieftain, generally speaking, varying according to each native tribe language.

b) Pajé: in each native group, there are one or many people in charge of treating illnesses through magical practices. There's a category of these witch-doctors called Shamans – what characterizes is them is the presumed power each one of them has to separate the soul from the body, taking them through faraway places or embody strange spirits. The Pajé from the Tantetehara tribe and the Pancé from the Tapirapé, both groups from the Tupi language stock, are examples of a "possessed Shaman" and a "traveling Shaman", respectively. These designations originated the word Pajé. Among other native tribes there are other kinds of intermediates between the living and the supernatural, with different roles from the mentioned designations, without ever having any relationship with our concepts about "priestly roles".

c) Tupã: it is said among the Brazilian natives that only the Apapokuva tribe and its related tribes believe in a supreme being, who created the earth and will destroy it someday. They called him Nianderusuvú. Aside from that, there's the presence of the mystical heroes who are most of the time "civilizing". In other words, those who taught techniques, rites and "social" norms to the tribe's members. Tupã is only a supernatural being to the natives who speak a Tupian language. The other do not know him. And even for those who do know, Tupã was never the supernatural entity but some kind of "demon" (?) that rules the thunder and lightning, being able to cause death and destruction with them. It was the first missionaries that tried to explain God to the natives by using the Tupã name.

d) Hunting and fishing: besides hunting, fishing and gathering, most native tribes practices agriculture. Gathering is the search of fruits, uncultivated vegetable roots, and some animal products in their natural state, such as turtle eggs, honey, etc. Agriculture means preparing the land, planting and harvesting. Most Brazilian natives use iron machetes, hoes and axes; prior to the arrival of the Europeans, they used stone axes to extract trunks and pointy sticks used to perforate the ground and extract other roots.

e) Hammock: only natives that knew weaving used hammocks; the rest sleep on the ground, on many types of mats or on pallets.

f) Labour: natives are neither lazy nor distrustful. On the contrary, they dedicate themselves with method and satisfaction to their respective jobs in the tribal order and have a cheerful and playful temperament. The division of labor between men and women is strict. The men are in charge of eventual wars, home construction, woodcutting (done rationally and in a conservational manner), preparing land for farming, hunting and fishing, and manufacturing wooden instruments and baskets. To the women, it's reserved the roles of creating pottery, weaving, preparing meals, taking care of farming and harvesting, carrying bales and supplying water, as well as motherly roles, such as nursing their children sometimes up to seven-year-old.

g) Tupi Language: many still think that all Brazilian natives speak Tupi, that is because that during Brazil's Discovery, the Portuguese only met with the natives on the coast, among which most of them spoke Tupian languages. The first missionaries thought that all the natives spoke the same language and created a grammar for Tupi. The first historians who wrote about the Brazilian native refered almost exclusively to the Tupi language. Nowadays, ethnologists and linguists have split the language speaken by Brazilian natives in three language stocks and these in many families, as well as finding amongst many native tribes languages that they couldn't classify.

The three major language stocks are: Tupi, Macro-Jê and Aruak. And the families are:

1. Tupi stock: Tupi-Guarani, Juruna, Ariken, Tupari, Ramarama, Mende-Puruborá

2. Macro-Jê stock: Jê, Maxacali, Fulniô, Karajá, Kaigangue families.

3. Aruak stock: Arauá and Arauak families.

These language families consist of many languages. Lots of other known families couldn't by classified in stocks, such as: Karib, Tucano, Pano, Xiriná and others.

The author,
1991

SOBRE O ILUSTRADOR
ABOUT THE ILLUSTRATOR

Enéas Ribeiro de Souza Lima Corrêa é escultor e ilustrador profissional desde 1993. Já participou de diversos eventos nacionais e internacionais, entre eles o IX Festival Internacional de Banda Desenhada, em Beja, Portugal (2013), como artista convidado e palestrante; e o Festival Internacional Luanda Cartoon (Angola, 2014, 2016 e 2021); entre outros eventos. Vencedor do 42.° Prêmio Jornalístico Vladimir Herzog, com o coletivo Charge Continuada, em 2020, e do Prêmio Aldir Blanc de Literatura Infantil, em Quatro Barras (2020). Atualmente é chargista no jornal Parágrafo 2, de Curitiba, e vive em Quatro Barras com sua esposa, Cheila, e seus filhos, Helena e Heitor.

Enéas Ribeiro de Souza Lima Corrêa is a sculptor and professional illustrator since 1993. Has participated in many national and international events, such as the IX International Comic Book Festival, in Beja, Portugal (2013), as an invited artist and speaker; and the Luanda Cartoon International Festival (Angola, 2014, 2016 and 2021); among other events. Winner of the 42nd Journalistic Prize Vladimir Herzog, with the Charge Continuada collective, in 2020, and the Aldir Blanc Children's Literature Prize, in Quatro Barras (2020). Currently he is a political cartoonist of the Parágrafo 2 newspaper, based in Curitiba, and lives in Quatro Barras with his wife, Cheila, and their children, Helena and Heitor.